Las formas de la comida

Miss Tweedy

Dedicado a mis
hijos mayores

ISBN: 978-1-943960-99-6

KoDZo BooKS

Peudo **leer**
y **contar**
las **formas.**

6 lágrimas negras,

1 lágrima roja,

1 rectángulo negro,

1 rectángulo verde,

1 línea ondulada marrón,

1 trapecio marrón,

1 semicírculo rojo,

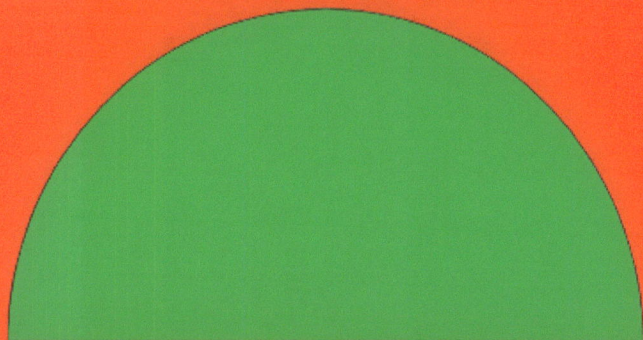

y 1 semicírculo verde.

¿Pueden las **formas** hacer **formas?**

Pon
1
rectángulo
negro,

más **1**
semicírculo
verde,

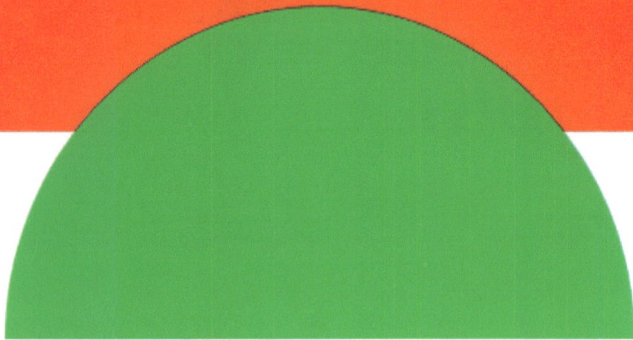

y **1 rectángulo** verde,

con **1 trapecio** marrón,

más 1 línea ondulada marrón,

y **1**
lágrima
roja,

con **1 semicírculo** rojo,

y 6
lágrimas
negras.

¡Sí!

Las **formas** crearon
un **festín**.

¿Pueden las mismas **formas** crear una nueva **formas**?

Pon 1
rectángulo
negro,

más **1 línea**
ondulada marrón,

con 1
trapecio
marrón,

y **1 rectángulo** verde,

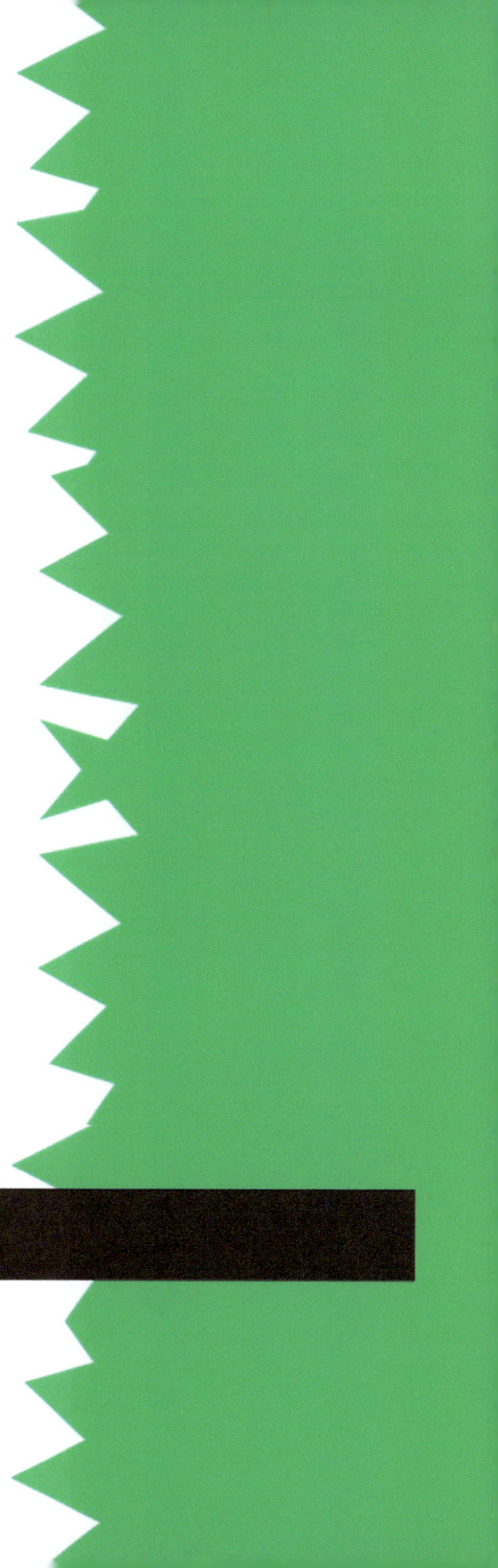

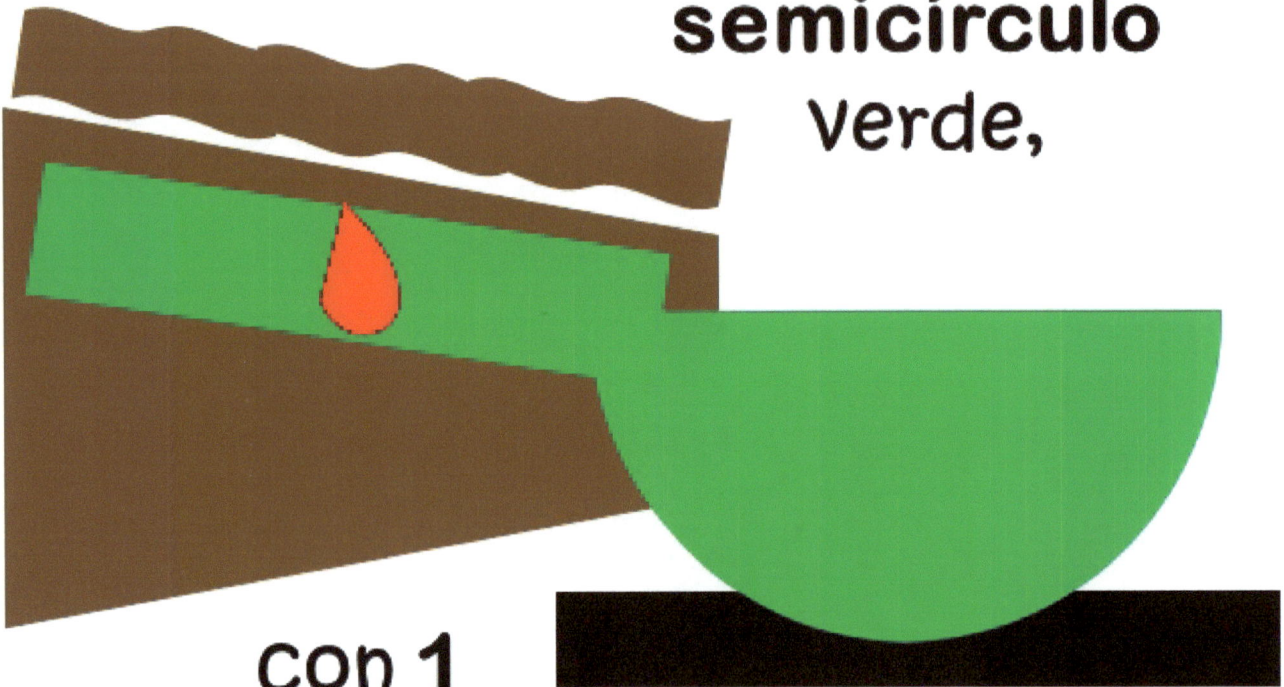

más **1**
semicírculo
verde,

con 1
lágrima roja,

con **1**
semicírculo
rojo,

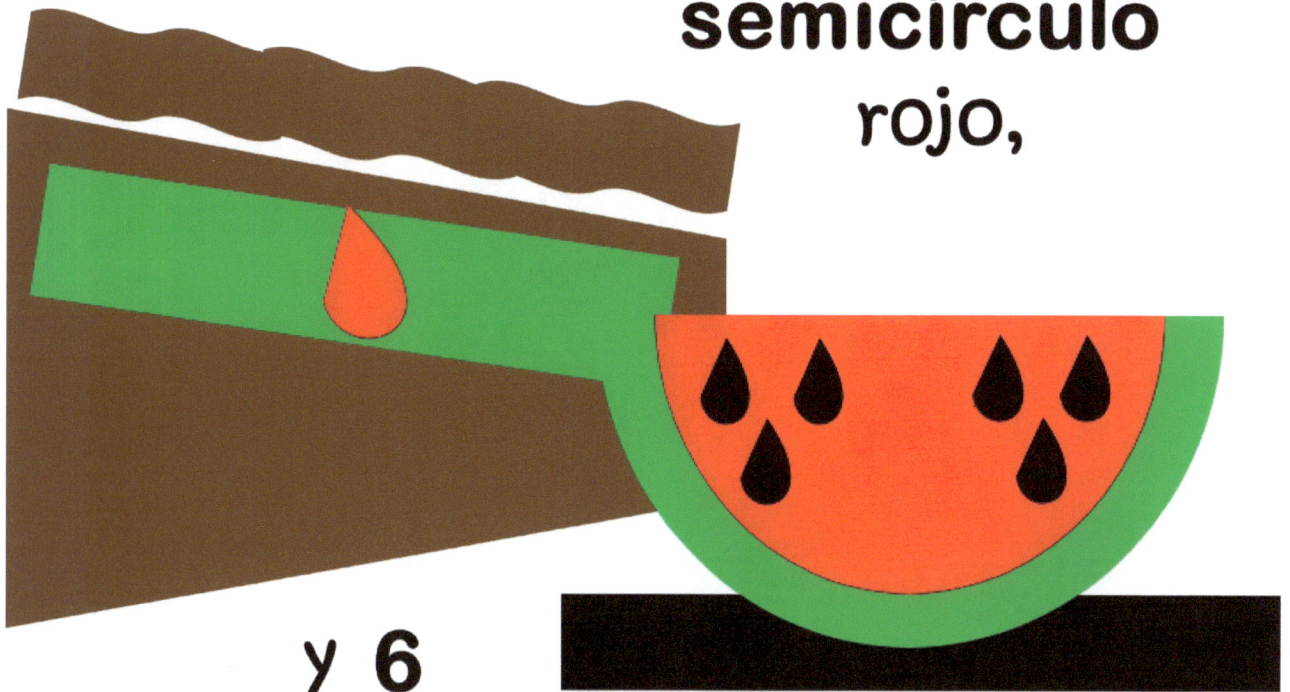

y **6**
lágrimas negras.

¡Sí!

¡Sí!

Las **formas** crearon
un **picnic**.

¿Pueden las **formas**
crear una **formas** más?

Pon
1 semicírculo
verde,

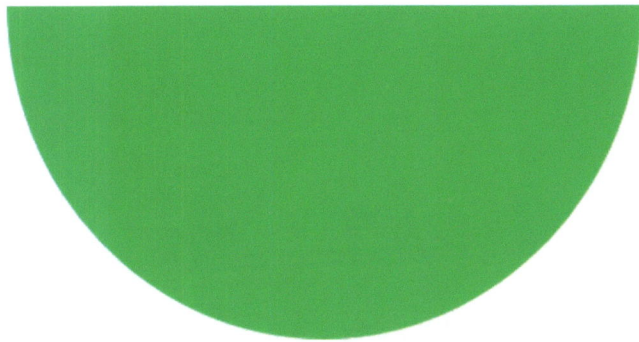

con **1**
semicírculo
rojo,

y 1
rectángulo
negro,

más 1 lágrima roja,

con 6 lágrimas negras,

y **1 línea ondulada** marrón,

más 1 rectángulo verde,

y 1 trapecio marrón.

¡Sí!

¡Sí!

¡Sí!

Las **formas**
crearon una **comida de
cumpleaños.**

¡Fiiuuu!

¿Qué formas

puedes crear?

1 trapecio
marrón

1 semicírculo
rojo

1 semicírculo
verde

6 lágrimas negras
1 lágrima roja

1 línea
ondulada
marrón

1 rectángulo verde
1 rectángulo negro

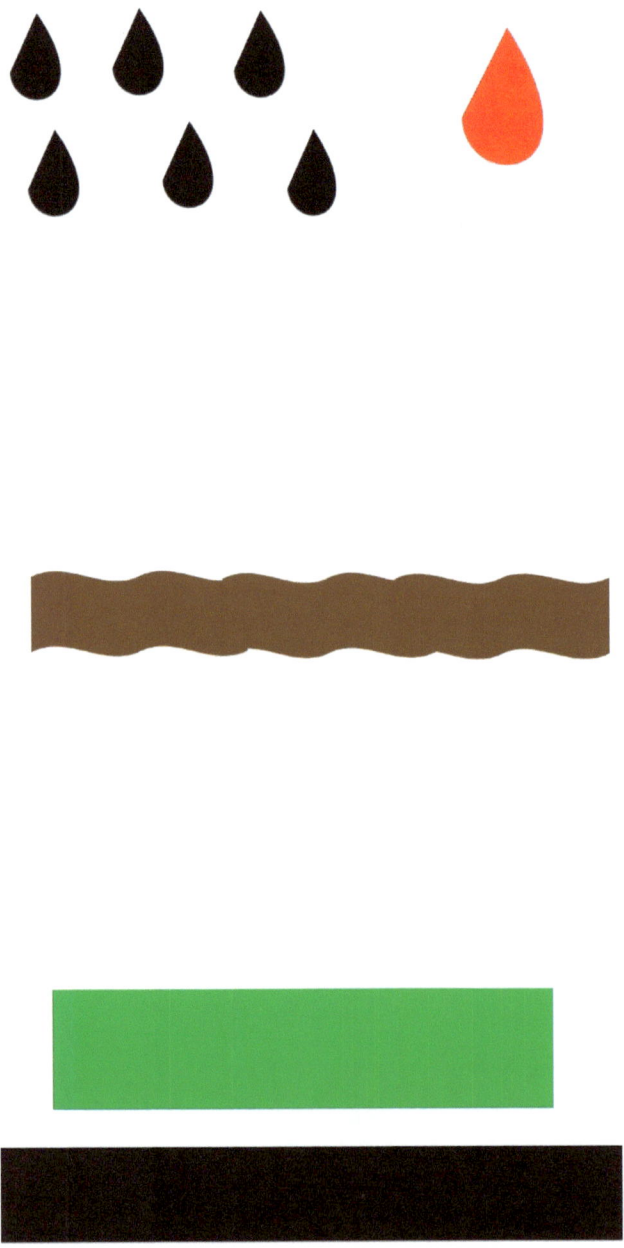

Pruebe nuestra otra serie de libros interactivos.

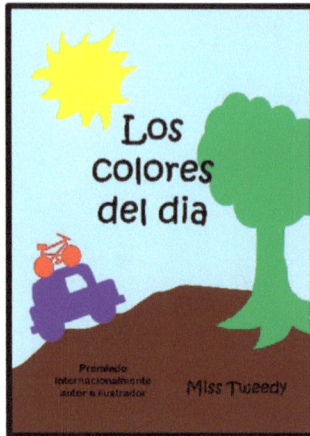

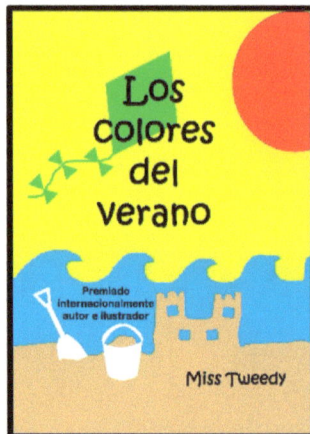

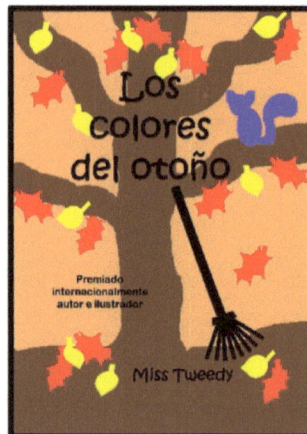

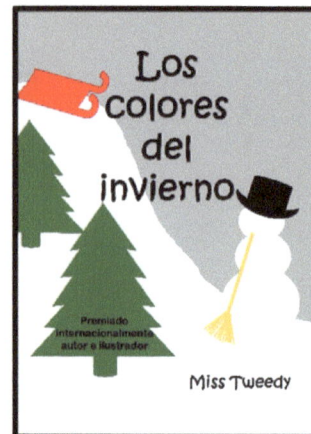

Los colores del dia

Premiado internacionalmente autor e ilustrador

Miss Tweedy

Los colores de la noche

Premiado internacionalmente autor e ilustrador

Miss Tweedy

Los colores de la primavera

Premiado internacionalmente autor e ilustrador

Miss Tweedy

Los colores del verano

Premiado internacionalmente autor e ilustrador

Miss Tweedy

Los colores del otoño

Premiado internacionalmente autor e ilustrador

Miss Tweedy

Los colores del invierno

Premiado internacionalmente autor e ilustrador

Miss Tweedy

Disponible en libros electrónicos y libros en rústica en inglés, español y francés.

La página de actividades en PDF para este libro también está disponible en www.kodzobooks.com

¡Gracias!

El mejor regalo que puedes darle a un autor es una revisión honesta en Amazon, Goodreads, Facebook o cualquier otro sitio de libros que elijas. Esto realmente ayuda a que los libros de calidad lleguen a las manos de otros lectores.

Si desea recibir actualizaciones por correo electrónico y ofertas especiales de Kodzo Books, regístrese en:

www.KodzoBooks.com

www.ingramcontent.com/pod-product-compliance
Lightning Source LLC
Chambersburg PA
CBHW042102040426
42448CB00002B/104